Lieber Gott, mach mich fromm, dass ich in den Himmel komm.

(Betrachtungen eines Agnostikers)

<u>**Einleitung**</u>

Falls Sie strenggläubig sind, legen Sie bitte das Büchlein beiseite! Es liegt mir weder fern, religiöse Gefühle zu verletzen, noch möchte ich für meine Anschauung missionieren.

Für Leser, die Religionen von außen betrachten, können einige Gedanken interessant sein und auch bekannt erscheinen. Wir sind in der Tradition eines religiösen Weltbildes aufgewachsen und so sehr auch manche, wie auch ich, sich daran reiben, wir können sie nicht völlig abstreifen.

Da ich mich schon immer sehr für Religionen interessiert und intensiv mit ihnen auseinandergesetzt habe, hat sich für mich ein sehr detaillierter Standpunkt entwickelt. Was sich nicht entwickelt hat, ist das Verständnis für religiöse Anschauungen meiner Mitmenschen, die für mich oft wie in tiefe Dunkelheit gehüllt scheinen. Ich denke, die alten Überlieferungen der „Heiligen Schriften" müssten doch entsprechend den Umständen und dem Wissen der heutigen Zeit verstanden werden. Wir leben nicht mehr in der Anfangszeit unserer Zeitrechnung, die Welt hat sich besonders in den letzten zwei Jahrhunderten sehr gewandelt und gibt uns andere Sichtweisen. Dass diese Auseinandersetzung nicht stattfindet, vermisse ich. Das Verharren in einer Welt, die uns schon längst entglitten ist, erzeugt einen Bruch und hindert mein Verständnis für das heutige religiöse Leben.

Mir scheint, dass man seit Anbeginn die Religion als eine Medizin gegen die Angst vor dem Tod verkauft hat, eine Urangst, welche durch Religionen kultiviert wurde. Diese Urangst gibt es immer noch, aber sie verlangt andere Antworten. Man findet sie im Nachdenken über Begriffe wie Unendlichkeit und Zeit, Leben und Wirklichkeit und über unsere Wahrnehmung. Unendlichkeit ist eine Zeit oder Strecke, von der es unmöglich ist, den Anfang und das Ende in Erfahrung zu bringen. So verhält es sich auch mit unserem Leben. Solange wir etwas wahrnehmen, leben wir. Von anderen Lebewesen können wir Anfang und Ende erfahren, von uns selbst können wir das nicht. Das ist eine andere Antwort, als sie die Religion bietet, ich finde sie tröstlicher. Vor der Antwort, welche uns die Kirche in dieser Frage gibt, hätte ich Angst. Nach dem Leben im Tod eine Ewigkeit? Und sie wird ja im Glauben als endlos verstanden, ohne meinen

Körper, mein Nervensystem und ohne Alternativen - es ist mir unvorstellbar.

Öffentliche Äußerungen und Riten der großen Kirchen lassen sich kaum mit meiner Sicht auf die Welt in Einklang bringen. Mir ist klar, dass ich es bin, der von der traditionellen Weltanschauung abgewichen ist, aber das habe ich mir nicht leicht gemacht und dafür gibt es sehr viele festgefügte Gründe. Obwohl ich der Religion fernstehe, ist mein Interesse an ihr sehr ausgeprägt. Es ist wohl ein altes Erbe und lässt sich weit zurückverfolgen.

Meine Großmutter mütterlicherseits, zu der ich ein sehr inniges Verhältnis hatte, hatte einen großen Einfluss auf meine geistige Entwicklung. Es sind wohl etwa 150 Jahre vergangen zu der Zeit, als sich bei meiner Großmutter eine starke Bindung an die

Religion in kritischen Abstand wandelte.

Meine Großmutter kam in einem kleinen Dorf auf einem Bauernhof zur Welt. Ihre Eltern waren sehr religiös, gottesfürchtig nannte man es wohl. Es war tiefer christlicher Glaube vermischt mit altem Aberglauben, der das gesamte Leben bestimmte. Der Teufel nahm in ihrem Glauben noch eine zentrale Position ein. So ging in dem Dorf die Geschichte herum, dass mein Urgroßvater auf der Kirmes im Nachbardorf etwas getrunken hatte. Als er nun im Dunkeln in der Nacht heimging, lauerten ihm junge Burschen auf und einer sprang ihm mit Geheul auf den Rücken. Mein Urgroßvater glaubte sich von dem Teufel angegriffen und lief in großer Angst heim. Als der Knabe von seinem Rücken sprang, wagte mein Urgroßvater nicht sich umzudrehen und lief laut schreiend, der Düwel hätte ihn gepackt, heim.

Aus heutiger Sicht scheinen die Ängste und die Reaktion meines Urgroßvaters kurios. Bedenkt man aber, dass noch wenige Jahrzehnte vor seiner Zeit Frauen, meist Hebammen, verdächtigt wurden, mit dem Teufel verkehrt zu haben, unbeschreiblicher Folter unterworfen und auf einem Scheiterhaufen lebendig verbrannt wurden, kann man die Vorstellungen und Ängste meines Urgroßvaters etwas nachvollziehen.

Das Buch „Der Hexenhammer" von dem Dominikaner und Theologen H. Kramer wurde noch bis zum Ende des 17. Jahrhunderts in rund 30 000 Exemplaren verkauft. Der Teufel verschwand erst allmählich aus Predigten und ist auch heute noch nicht völlig aus dem Bereich christlichem Glaubens ausgeschieden.

Meine Urgroßmutter war sehr streng mit der Ausübung der Religion und so nahmen christliche Riten und Gebete einen großen Raum im täglichen Leben ein. Sie hatte fünf Kinder zur Welt gebracht, alles Mädchen. Die beiden ältesten Mädchen waren an Typhus gestorben. Mein Urgroßvater wünschte sich einen Hoferben und brachte seinen Töchtern wenig Zuneigung entgegen. Die Todgeburt eines sechsten Kindes, es wäre ein Junge geworden, überlebte meine Urgroßmutter erst nach schwerer Erkrankung. Mein Urgroßvater nannte das die Strafe Gottes, und statt sie zu trösten und ihr beizustehen, machte er ihr Vorwürfe und zwang sie schon vor einer völligen Gesundung zu schwerer Arbeit. Auch die Mädchen mussten, kaum konnten sie richtig laufen, bei Arbeiten auf dem Hofe helfen. Es war ein liebloses Leben mit Beten und Arbeiten, und für kleine

Vergehen und Nachlässigkeiten bekamen die Mädchen Prügel. Meine Großmutter war nach dem Tode ihrer beiden Schwestern die Älteste. Sie war sehr nachdenklich und sehr besorgt um ihre beiden jüngeren Geschwister. Sie nahm das Leben in der Familie und die Strenge in der Religionsausübung nicht als naturgegeben hin und machte sich viele Gedanken, die sie niemandem offenbaren konnte. Die Dorfschule war kein Ort geistiger Auseinandersetzung, es wurde Lesen, Schreiben und Rechnen gelehrt und damit war Schluss. Meine Großmutter war sehr lernbegierig und kaum konnte sie lesen, verschlang sie alles, was sie erreichen konnte. Daheim gab es aber nur eine Bibel und manchmal die Zeitschrift „Der Landmann". So zog sich meine Oma, sowie sie einmal etwas Freizeit hatte, mit der Bibel zurück und studierte sie. Ihrer Mutter war das Bibelstudium ihrer Tochter eigentlich sehr recht, aber wenn ihre Tochter Fragen stellte, empfand sie das als ungehörig und meist setzte es statt einer Antwort eine Ohrfeige. Bei einem Besuch des Ortspfarrers fragte meine Oma den Pfarrer, wieso denn Kain in ein anderes Land gehen und heiraten konnte, obwohl er doch, nachdem er den Abel erschlagen hatte, das einzige Kind der ersten Menschen gewesen war. Ihre Mutter wurde blass und entschuldigte sich bei dem Pfarrer für das vorlaute, ungezogene Kind, und als der Geistliche gegangen war, bekam meine Oma eine heftige Tracht mit dem Teppichausklopfer mit den Worten: „Ich werde dir die Religion in deinen ungläubigen Balg prügeln." Meine Großmutter gab es auf, Fragen zu stellen, aber die Bibel war ihr für lange Jahre ein teurer Lesestoff. Sie wurde bibelfest, kam aber immer mehr in eine kritische Distanz zu dem gelebten Glauben in ihrem Elternhaus und in der Gemeinde.

Als sie im fünften Schuljahr war, wurde der alte Lehrer krank, der die Kinder aus drei Dörfern unterrichtet hatte. Nun wurde ein junger Lehrer als vorläufiger Ersatz von der Schulverwaltung eingesetzt. Diesem Lehrer fielen der Lerneifer meiner Großmutter und ihr starker Drang nach Lesestoff auf. Er lieh ihr Bücher, die sie mit nach Hause nahm, um sie dort heimlich zu lesen. Ihre Mutter erwischte sie mit einem Buch. Es war ein Biologiebuch mit Abbildungen. Die Mutter witterte Verderbnis, entriss meiner Großmutter das Buch, eilte mit dem Buch in die Küche und warf es in den Herd. Meine Großmutter eilte ihr weinend nach und versuchte, mit dem Schürhaken das

Buch aus den Flammen zu ziehen, vorauf sie von ihrer Mutter weggerissen und verprügelt wurde. Nun musste meine Großmutter dem Lehrer beichten, was mit dem Buch geschehen war.

Nach ihrer Konfirmation kamen im Winter, als auf den Höfen nicht so viel zu tun war, die Mädchen des Dorfes in der Spinnstube zusammen. Es wurden Handarbeiten gefertigt, aber vor allem wurde sich unterhalten. Meine Großmutter ging so oft wie möglich dorthin, entlieh sich ein Buch bei ihrem Lehrer, setzte sich in der Spinnstube ans Fenster und las. Bei dieser Gelegenheit sah mein Großvater sie, der in einem Nachbarort als Knecht arbeitete und nach der Erledigung eines Auftrags in diesem Ort an dem Fenster der Spinnstube vorbeikam. Mein Großvater war aus Ostpreußen aus Angst vor Strafe geflüchtet und hatte in einer Nachbargemeinde bei einem Bauern den Dienst aufgenommen. Das lesende hübsche Mädchen hatte es ihm gleich angetan und nun kam er bei jeder Gelegenheit in dieses Dorf, um in das Fenster zu sehen. Die anderen Mädchen bemerkten den Fremden und hänselten meine Großmutter, die ihren Betrachter noch nicht wahrgenommen hatte. Als sie heimgehen wollte, wartete der fremde junge Mann auf sie und bat darum, sie auf dem Weg begleiten zu dürfen. Sie redeten aus Verlegenheit wenig und der Begleiter musste sich in Sichtweite des Hofes verabschieden. So wenig auch geschehen war, hatte es sich in dem Dorf gleich herumgesprochen. Als mein Großvater meine Großmutter wieder abholen wollte, lauerten ihn die jungen Männer des Dorfes auf und es kam zu einer Prügelei, wobei mein Großvater sich wohl Respekt verschafft hatte, denn er wurde später nicht mehr angegriffen. Die beiden trafen sich dann öfters außerhalb des Dorfes. Als meine Urgroßeltern davon erfuhren, verboten sie jeden weiteren Umgang. Die beiden jungen Leute hielten sich aber nicht an das Gebot. Als meine Großmutter nach einiger Zeit äußerte, sie wolle den Fremden heiraten, sagte ihr Vater, wenn sie den hergelaufenen Knecht heiraten wolle, würde sie enterbt und müsse den Hof verlassen. Sicher fiel es meiner Großmutter nicht leicht, ihre beiden jüngeren Schwestern allein zurückzulassen. Jedenfalls ging das junge Paar in eine andere Gegend, verdingte sich als Landarbeiter und heiratete.

Es war ein ärmliches Leben, jedoch hatte es meine Großmutter auf dem eigenen Gehöft nicht leichter gehabt.

Erste Schwierigkeiten ergaben sich, als ihr Arbeitgeber, ein sehr religiöser Großbauer, bemerkte, dass die beiden nicht zur Kirche gingen. Ihnen wurde gekündigt und sie mussten sich eine andere Anstellung suchen. Es kam ein erstes Kind zu Welt, Anna, meine spätere Mutter. Ein weiteres Kind starb im Säuglingsalter. Als dann Frieda zur Welt kam, besprachen sich meine Großeltern, nach Möglichkeit in die Stadt zu ziehen, um den Kindern eine gute Schulbildung zu ermöglichen. Das war nicht so einfach und so verdingten sie sich erst einmal in Göttingens Außenbezirk in Nikolausberg. Als Frieda dort eingeschult wurde, äußerte der Lehrer, er hätte viel Freude an den beiden Mädchen, Frieda sei so lebendig und aufgeweckt und Anna so still und gelehrig.

Es gelang meinem Großvater, der in Ostpreußen Pferdewirt gelernt hatte, eine Anstellung bei der Feuerwehr als Kutscher zu bekommen, und so zog die Familie nach Göttingen. Es war keine gute Zeit, um vom Lande in die Stadt zu ziehen, auf dem Lande gab es wenigstens genügend zu essen. Um sich einen Hausstand zu verdienen, arbeitete meine Großmutter zunächst in einer Obstdarre, wo Trockenobst hergestellt wurde. Die Frauen dort mussten vom Trockenraum mit fast 80°C zum ungeheizten Verpackungsraum hin- und herlaufen, was der Gesundheit sehr abträglich war.

Der Pfarrer der Gemeinde kam zu Besuch, um sich zu erkundigen, warum die Kinder nicht zum Konfirmandenunterricht kamen, und erfuhr, dass sie nicht einmal getauft waren. Meine Großmutter hatte ein längeres Gespräch mit ihm und der Pfarrer war beeindruckt von ihren Bibelkenntnissen, aber dass sie die Kinder nicht taufen ließ, wollte ihm nicht gefallen. Er machte meiner Großmutter Vorhaltungen über das Seelenheil ihrer Töchter. Der Pfarrer kam noch einige Male zu Gesprächen und trotz unterschiedlicher Meinungen freundeten sie sich an. Der Pfarrer sagte zu meiner Großmutter: „Minna, wenn es einmal ans Sterben geht, wirst auch du den Trost der Kirche benötigen." Meine Großmutter brachte noch zwei Kinder zur Welt, einen Jungen, der nach seinem Vater den Namen Hermann bekam, und dann noch ein Nesthäkchen Liselotte. Es kam der erste Weltkrieg und mein Opa wurde eingezogen. Meine Oma bekam in der schlechten Zeit Lungentuberkulose, konnte sie aber ausheilen. Danach war ihre

Gesundheit sehr angegriffen. Nach dem Krieg verschlechterten sich die Augen meines Großvaters, so dass er nicht mehr bei der Feuerwehr arbeiten konnte, und er wurde als Pferdepfleger für die Pferde der Stadt eingestellt. Meine Mutter heiratete und zog zur Untermiete in eine Zweizimmerwohnung über meinen Großeltern. Meine Schwester Ingrid kam auf die Welt und nach vier Jahren wurde ich geboren. Mit der Machtergreifung der Nationalsozialisten zogen schlimme Zeiten herauf. In der Anfangszeit engagierten sich meine Eltern gegen die Nazis, sie verteilten Flugblätter und gingen zu Demonstrationen, was dann schließlich zu gefährlich wurde. Mein Vater war aus Überzeugung Kommunist und meine Mutter war Sozialdemokratin, sie waren beide gegen den aufziehenden Faschismus, aber politisch unterschiedlicher

Auffassung. Die Kirche spielte in unserer Familie überhaupt keine Rolle. Schon in jungen Jahren hatte in weltanschaulichen Fragen meine Großmutter, an der ich sehr hing, für mich eine besondere Bedeutung. Sie nahm den kleinen Jungen ernst und ermunterte mich zu kritischem Denken.

Als meine Großmutter im Sterben lag, bat sie darum den befreundeten Pfarrer zu verständigen. Im Sterben hatte sie dem Wunsch, sich von dem Pfarrer zu verabschieden und ihm zu zeigen, dass sie in Frieden und ohne Angst sterbe. Der Pfarrer meinte, dass sie jetzt in der Angst vor dem Tod gläubig geworden sei. Er war sehr erstaunt, als meine Großmutter ihm erklärte, sie brauche keinen Trost, sie wolle ihm nur Lebewohl sagen.

In den letzten Kriegs – und in den Nachkriegsjahren war der Fokus auf das Überleben gerichtet. Dann kamen langsam der Schrecken und das Ausmaß des Krieges in das gesellschaftliche Bewusstsein und das unfassbare Grauen der millionenfachen Massenmorde von unschuldigen Menschen, von denen man während des Krieges nichts wusste oder nichts wissen wollte. Die Rolle, die der überwiegende Teil der christlichen Kirchen in diesem Drama gespielt hatte, wurde nicht hinterfragt. Es wuchs das Gefühl, die menschlichen Abgründe weit hinter sich gelassen zu haben. Die Kirchen gewannen wieder an Einfluss.

Warum ich diese alten Geschichten erzähle? Rings um den Erdball breiten sich dogmatische Glaubensvorstellungen wieder aus. Kinder werden indoktriniert und im Hass auf andere Religionsgruppen oder fremde Menschenarten erzogen. Ihnen wird eingetrichtert, nur die eigene Religionsgruppe biete die Erlösung, wobei andere Religionen in die Verdammung führen. Es geht so weit, dass Meuchelmörder als Märtyrer angesehen werden, denen das Gottesreich mit einer großen Zahl von Jungfrauen offen steht. Kann man die Perversität von entarteter Mitmenschlichkeit besser ausdrücken?

Auch dort, wo das nicht so extrem zu Tage tritt, werden Frauen diskriminiert und Sexualität wird verunglimpft. In der christlichen Kirche wird der Gottessohn natürlich von einer Jungfrau geboren, es ist die Geschichte von der unbefleckten Empfängnis. Also sind Mutterschaft etwas Beschmutztes und Sexualität etwas Unnatürliches. Auch in den beiden anderen großen Religionen, dem Judentum und dem Islam, spielt die Frau nur eine untergeordnete Rolle.

Die christlichen Kirchen meinen, ihre dunkle Vergangenheit längst hinter sich gelassen zu haben, dabei kämpfen Frauen noch immer um ihre Gleichberechtigung und mit einem Gegenspieler des Gottes, einer Verkörperung des Bösen, auch Satan oder Teufel genannt, haben die Vertreter der Kirche noch immer Schwierigkeiten, denn schließlich beschäftigt der Vatikan auch in heutiger Zeit Exorzisten.

Zu einem meiner Freunde, einem gläubigen Katholiken, der eine evangelische Frau geheiratet hatte, kam nach der Geburt eines Kindes ein Kirchenmann, um den Teufel auszutreiben, was bei meinem Freund den Bruch mit seiner Kirche auslöste.

Ich muss zugeben, dass es nicht nur die Religionsgemeinschaften sind, die

Kinder bereits in jungen Jahren indoktrinieren. Diktatorische Staaten behandeln ihre Staatsideologien wie einen Religionsersatz. Den Kindern wird der freie Blick mit leeren Phrasen zugemauert. Der Glaube an einen Gott wird durch den Glauben an die Staatsführung ersetzt und frei geäußerte Zweifel an der herrschenden Ordnung führen in diesem Falle zur irdischen Verdammnis.

Ich bin vom Thema abgewichen, der Suche nach Gründen, die meinem religiösen Verständnis im Wege stehen. Eine Ursache, dass ich mir von den religiösen Überzeugungen der Menschen, in deren Gemeinschaft ich lebe, so gar keine rechte Vorstellungen machen kann, ist mein Eindruck, dass die wahren Überzeugungen in den Riten und überlieferten Zitaten nicht zum Ausdruck kommen.

Mein Unverständnis gilt nicht nur sehr extremistischen wortgetreuen Auslegungen der Schriften, sondern auch, wie ich unterstelle, für sehr durchgeistigte und gut durchdachte Auslegungen. Das hat nichts mit Akzeptanz zu tun, es ist mehr eine tiefe Fremdheit, eine Unfähigkeit, die Gründe zu begreifen, die dazu führen, Glauben, entgegen offensichtlicher Zweifel, den gut gesicherten Fakten, vorzuziehen.

Es gibt eine reichhaltige Tradition von Abweichlern religiöser Lehren bis weit in die Vergangenheit und die Zahl der Zeitgenossen, die sich vom Glauben abgewandt haben, ist vielleicht größer, als ich vermute. Da Personen, die abseits vom religiösen Leben stehen, sich kaum in der Öffentlichkeit äußern, ist das schwer einzuschätzen. Dafür gibt es sicher viele Gründe. Einer dieser Gründe kann sein, dass das für uns Erkennbare ohne Erklärungen der Religionen viel zu kompliziert ist, um es ohne Lücken in ein widerspruchsfreies Weltbild einzupassen. So bleiben Fragen, die nicht beantwortbar sind. Doch was nützt es, wenn man auf diese Fragen eine nicht zu begründende, nur auf Glauben aufgebaute Antwort gibt? Ist das nicht so, als ob ich etwas in tiefer Dunkelheit verloren hätte, es aber unter einer Laterne suchen wollte? Die Beschreibung des Glaubens als eine nur ausgedachte Laterne wird einem gläubigen Menschen wohl kaum gefallen. Er könnte meinen, dass ich weder von Laternen noch vom Glauben eine Ahnung hätte, denn sicher sind meine Anschauungen ihm genau so fremd wie mir seine. Ich denke darüber nach, wie ich religiöse Überzeugungen von gläubigen

Menschen besser kennenlernen könnte, ohne sie bewerten zu wollen.

Nach meinen Vorstellungen vom Glauben ist der Glaube ein fester Bezugspunkt, auf den alles bezogen wird. Sicher geht das nicht ohne Zweifel, der aber die Festigkeit eines Glaubens offensichtlich nicht erschüttern kann.

Ich habe keinen solchen Festpunkt (Glauben), meine Erkenntnisse gelten nur so lange, bis sie nicht durch bessere Erkenntnisse ersetzt werden. Dadurch habe ich auch keine Zweifel an meinem Weltbild, denn ich weiß, meine Erkenntnisse sind subjektiv und vorläufig. Ich kann Unbegreifliches akzeptieren, denn entweder werde ich das einmal verstehen oder meine mentalen Fähigkeiten sind nicht in der Lage, darauf eine Antwort zu finden. (Das gilt zum

Beispiel für die Zeitlichkeit und die Unendlichkeit.)

Wir leben in einem Wunderland und vermessen es mit unseren selbst erdachten Maßstäben. Daraus erwächst keine absolute Gewissheit. Diese Einsicht ändert das Verständnis zur Wahrheit. Statt einer absoluten Wahrheit gibt es nur eine relative Wahrheit. Es gibt nichts, was so ist, wie ich es sehe, sondern wie ich es sehe, so ist es für mich. Ein gläubiger Mensch geht von einer absoluten Wahrheit aus, der Wahrheit eines höheren Wesens.

In die geistige Welt einer anderen Person einzudringen, ist wohl kaum möglich, aber wenige Antworten auf grundlegende Fragen könnten mir einen rudimentären Einblick verschaffen. Die Schwierigkeiten entstehen, wenn man gemeinsamen Worten Inhalte zuordnen will, oder sollte der

Glauben es möglich machen, dass man Worte als Fakten nimmt, ohne über Inhalte nachzudenken? Als Beispiel nehme ich da den christlichen Glauben an das Leben nach dem Tode. Wir bestehen aus den Empfindungen unserer Nerven und aus unserem Körper. Wie kann ich ohne Körperlichkeit und ohne Empfindungen leben? In diesem Zusammenhang taucht dann das Wort Seele auf, die überdauert. Welchen Inhalt hat dieses Wort? Was ist, was tut und was kann dieser Begriff? Für Christen ist das ein sehr wichtiger Begriff, denn er soll ja den Menschen von den Tieren unterscheiden, denen man die ewige Seele abspricht. Wissenschaftlich betrachtet ist der Mensch ein sehr speziell entwickeltes Säugetier.

Ich kann es nachvollziehen, dass der Glauben vielen Menschen eine Art

Gewissheit gibt und für sie wichtig und notwendig ist. Es sind die Widersprüche des Glaubens zu unserem gut abgesicherten Wissen und zum realen Leben, die mir das Verständnis so schwer machen. Ich kann es mir nun einmal nicht vorstellen, wie man entgegen allen Zweifeln Glauben bewahren kann.

Welche Antworten auf was für Fragen könnten mich vielleicht einem Verständnis näherbringen?

Es ist einmal die Frage nach Anfang und Ende, nach Zeitlichkeit und Ewigkeit, nach der Erschaffung und dem Vergehen. Es ist die Frage nach der Entstehung unserer Welt. Es ist in unserem Denken angelegt, von einem Anfang auszugehen. Wenn man für die Existenz unserer Welt eine erschaffende Macht braucht, könnte ich weiterfragen, ob diese Macht nicht auch selbst wieder erschaffen sein müsste, und so weiter. Ist es dann nicht naheliegend, den Begriff „Ewigkeit" schon vor einer unbekannten Macht einzusetzen, das Leben also als ein ewiges Prinzip des Wandels zu betrachten?

Es ist auch die Frage nach Erkennbarem und dem Jenseits des Erkennbaren, die für mich interessant ist. (Ich meine dabei unsere bewusste, erlebte Welt und die unfassbare Wirklichkeit, die außerhalb unserer Erkenntnis existiert.)

Dann bewegt mich auch die Frage nach einem übergeordneten Sinn, der Teil eines Glaubens ist. Diese Frage schließt die Freiheit der Entscheidung mit ein.

Es ist auch die einfacher zu beantwortende Frage nach der Stellung des Menschen in der gesamten belebten Materie, die für Gläubige wohl von naturwissenschaftlichen Betrachtungen abweicht.

Daran anschließend könnte ich nach den Maßstäben fragen, welche die Grundlagen der Erkenntnis bilden. Sind sie vorgegeben oder menschen- gemacht? Gibt es Maßstäbe, die nicht von Menschen gemacht wurden? Falls alle Maßstäbe von Menschen gemacht sind, müsste man daraus schließen, dass die Messresultate unsere Erkenntnisse schon im Voraus festgelegt sind.

Die nächste Frage muss ich mir selbst stellen und zwar, wo finde ich gläubige Menschen, die mir diese Fragen arglos und aufrichtig beant- worten? Die genügend Geduld, Großzügigkeit und Einsichten hätten, diese Fragen mit mir zu diskutieren? Was für einen Grund sollten sie dafür haben? Es müssten wohl Missionare sein, die mich überzeugen wollten, und daran habe ich kaum Interesse.

Ich kann mir Überzeugungen vorstellen, die wie ich meine, unreflektiert aus Bibel, Koran und Talmud herzuleiten sind. Die Berührungspunkte dieser drei religiösen Grundlagen sehe ich im sogenannten Alten Testament.

Vor der Erschaffung der Welt gab es nach diesen Schriften keine Zeit, die ersten sieben Tage waren dem Akt der Schöpfung vorbehalten. Am Ende der Zeit holte Gott alles in seine Unendlichkeit.

Die Erkenntnis der Welt haben wir durch unsere Sinne und durch Offenbarung. Die Erkenntnis von Gut und Böse stahlen wir vom Baum der Erkenntnis und verloren dadurch das Paradis. Jenseits des Erkennbaren ist das Reich Gottes.

Gott ist Ewigkeit und ohne ihn gibt es keine Existenz.

Der Sinn des Lebens ist, ein gottgefälliges Leben zu führen, um nach dem Tode in das ewige Leben zu gelangen.

Der Mensch ist die Krone der Schöpfung und alles, was die Erde hervorbringt, steht zu seiner Verfügung.

Die Seele kommt von Gott und wird wieder zu Gott zurückkehren.

Alle Maßstäbe sind von Gott vorgegeben, es sind Gottes Gesetze, an denen er uns messen wird.

Das sind Antworten, die kindlich vereinfacht als Beispiel dienen sollen. Es wird Menschen geben, die ähnlichen Antworten zustimmen. Ich vermute aber, dass die meisten Gläubigen der drei mosaischen Glaubensrichtungen die Texte des Talmud, der Bibel und des Korans sehr viel differenzierter auslegen. Ich vermute auch, dass unterschiedliche Interpretationen der überlieferten Schriften zusätzliche Schwierigkeiten bereiten.

Kann es da einem Ungläubigen gelingen, etwas in die Gedankenwelt gläubiger Menschen einzudringen? Ich möchte das Weltbild, das sich auf einem Glauben aufbaut, kennen und verstehen lernen, um dazu mein eigenes Weltbild in Beziehung zu setzen und um daraus allgemeine Erkenntnisse über uns Menschen zu gewinnen. Doch was steckt hinter diesem Wunsch? Wahrscheinlich sind es unterschwellige Ängste, denn Unverständnis ist mit Ängsten verbunden. Diese Ängste sind nicht so ganz unberechtigt, denn ein Blick auf die Geschichte zeigt, zu welchen Unmenschlichkeiten unreflektierter Glaube fähig ist. Es ist schwierig, Taten, die religiösem Glauben entstammen, von denen aus Politik und Machtinteressen religiöser Organisationen zu trennen. Bei den Kreuzzügen und auch bei dem 30-jährigem Krieg könnte noch der Glaube im Vordergrund gestanden haben, bei Inquisition und Ketzerverbrennungen bin ich mir schon nicht mehr sicher. Bei dem Schweigen des Papstes zu Massenmorden im Nazireich und den Vertuschungen der Kirchenoberen bei Kindesmissbrauch von Priestern handelt es sich wohl um reine Machtinteressen.

Der reine Glauben scheint mir in heutiger Zeit immer mehr erodiert zu werden und sich ins Private zurückzuziehen und ist deshalb umso schwerer abzuschätzen. Er hat aber sicher noch starke Auswirkungen auf gesellschaftliche und politische Entscheidungen.

Ich vermute, dass im Glauben eine Tendenz zu Absolutheitsanspruch und Ausgrenzung enthalten ist, was demokratische Prozesse erschwert. Im Islam ist diese Tendenz noch stärker zu beobachten und findet im politischen Islamismus seinen Höhepunkt.

Kampf und Krieg haben im Islam eine lange Geschichte. Schon in der Zeit Mohammeds gab es blutige Kriege gegen Andersgläubige. Im Koran findet man zum Beispiel die Aufforderung, alle Juden zu töten, sogar die Steine und Bäume würden dann sagen: „Hinter mir hat sich ein Jude versteckt, komm her und töte ihn."

Der Islam greift viel stärker in das tägliche Leben der Gläubigen ein und ist dadurch für Reformationen schwerer zugänglich.

Da in der Jetztzeit eine größere räumliche Vermischung der Religionen stattfindet, verursachen fundamentalistische religiöse Ausrichtungen Störungen im gesellschaftlichen Zusammenleben.

Gemeinsam ist den monotheistischen Religionen, die sich auf Abraham als ihren Urvater berufen, das Patriachat. Frauen spielen meist nur als Jungfrauen eine Nebenrolle. Diese Haltung ist so ausgeprägt, dass in der Genealogie der Bibel die Abstammung nur der zweifelhaften männlichen Linie folgt.

Während das Judentum und der Islam rein monotheistisch sind, wird das Prinzip im Christentum durch die Hinzufügung des Sohnes und des Heiligen Geistes etwas verwässert, was in der Bezeichnung des Dreieinigen Gottes wieder etwas aufgehoben wird. In der katholischen Kirche kommen noch die vielen Heiligen dazu, die in direkter Nähe zu dem Gott Hilfe bringen sollen. Oft sind es Marienerscheinungen, die einen Ort mit Heilkraft versprechen. Gläubige pilgern zu diesen Wallfahrtsorten und Kranke hoffen dort auf Heilung. Solche verschiedentlich auftretende Wunderheilungen werden sogar vom Vatikan auf göttliche Wunder geprüft. Es ist nicht auszuschließen, dass psychische Erregung Heilungsprozesse hervorbringt und Kranke dort Besserung erfahren. Auch in der medizinischen Wissenschaft kennt man Spontanheilungen.

In Orten wie Altötting mit seinen vielen Geschäften voll kitschiger Devotionalien kann man einen Eindruck davon gewinnen, was für ein geschäftlicher Rummel mit der Hoffnung von Gläubigen auf Heilung und dem Wunderglauben gemacht wird.

Was sind Wunder? Es sind Begebenheiten, die sich nicht rational begründen lassen. In der christlichen Kirche werden Wunder im Sinne des Glaubens und als übernatürlich interpretiert. Für mich ist die Welt voller Wunder, Wunder von natürlicher Art, die mich bereichern und immer wieder in Erstaunen versetzen. Ich bin mir darin nicht ganz sicher, aber ich vermute, Wunder geschehen nicht. Ein Geschehen hat Bedingungen und ist erklärbar. Wunder existieren einfach. Sie sind in der Natur, sie sind das Leben und die Schönheit von Empfindungen.

Die jüdische Religion ist die älteste der hier erwähnten Religionen, die christliche Religion und der Islam bauen auf diesem alten Glauben auf.

Im jüdischen Glauben wird zwischen einer schriftlichen und einer mündlichen Tora unterschieden. Die schriftliche Tora oder auch Pentateuch besteht aus den fünf Büchern Moses. Es beginnt mit der Schöpfung und der Genesis. Das zweite Buch schildert den Exodus und die Geschichte von Moses. In den weiteren Büchern steht das „Heiligkeitsgesetz" und in weiteren werden Kriege und weltliche wie auch juristische Weisungen geschildert.

Die fünf Bücher Moses sind auch Teil der christlichen Bibel. Sie befinden sich im Alten Testament und wurden zusammen mit dem Neuen Testament von dem Mönch Martin Luther in die deutsche Sprache übersetzt.

In der Diaspora wurden die Juden in alle Welt verteilt. In anderen Ländern wurden sie als Fremdkörper empfunden und über Jahrhunderte unterdrückt, ausgegrenzt, verfolgt und sogar gemordet. In dieser Situation waren sie einem starken Druck ausgesetzt sich zu bewähren. Das führte dazu, dass unter Juden prozentual mehr Hochleistungen in Wirtschaft, Wissenschaft und Kultur zu finden waren als in der ansässigen Personengruppe. Nach der Verfolgung und Ermordung von Millionen europäischer Juden im Nazireich konnten sie in ihrer alten Heimat Palästina einen eigenen Staat gründen. Das führte zu starken Spannungen und Kriegen mit der dort ansässigen arabischstämmigen, meist islamischen Bevölkerung. Die Stadt Jerusalem wird als heilige Stätte von allen dort ansässigen Religionen beansprucht.

Orthodoxe Juden leben in dem neuen Staat Israel noch immer in den alten

Vorschriften und haben den Anspruch, das erwählte Volk zu sein, was das Zusammenleben mit dem arabischstämmigen Bevölkerungsteil Palästinas erschwert, von deren Seite die Möglichkeit eines Friedens durch Angriffe islamistischer Terroristen immer wieder in Frage gestellt wird.

Der Islam hat eine lange Geschichte kriegerischer Auseinandersetzungen mit anderen Religionsgruppen. Auch innerhalb des Islam gab es kriegerische Auseinandersetzungen. Schiiten und Sunniten befehden sich bis in die heutige Zeit. Der Ursprung der Fehde beruht darauf, dass Sunniten glauben, Mohammed habe keinen Nachfolger ernannt, während die Schiiten fordern, der neue Kalif oder Iman müsse ein Nachkomme Mohammeds sein.

Der Islam ist im Vergleich zum Christentum und Judentum die jüngste

Religion, hat allerdings die größte Verbreitung. Er beruft sich auf die Genealogie der jüdischen Religion, erkennt aber Jesus von Nazareth als einen der Propheten an. Das religiöse Buch ist der Koran, er enthält nach dem Glauben der Muslime Botschaften, die der Engel Gabriel Mohammed offenbart hat. Ein gläubiger Muslim ist in seinem täglichen Leben strengen Vorschriften unterstellt. Ein Gläubiger, der für seinen Glauben stirbt, kommt als Märtyrer direkt ins Paradies. Das führt dazu, dass viele junge Leute im Kampf gegen sogenannte Ungläubige ihr Leben opfern. Der Höhepunkt für einen Muslim ist die Pilgerreise nach Mekka, dem Geburtsort des Propheten.

Im Grunde haben alle Gläubigen dieser drei Religionen eine gemeinsame Gottheit, ob sie diese nun in ihren unterschiedlichen Sprachen Jahwe,

Allah oder Gott nennen. Gleich sind auch die Schöpfungsgeschichte und der Glauben an ein Paradies mit dem Leben nach dem Tode. Eine weitere Gemeinsamkeit sind die Zehn Gebote, die Moses von Gott empfangen und aufgeschrieben haben soll und die in mehreren etwas abweichenden Versionen überliefert wurden. Im Koran wird in einigen Suren auf die Gebote Bezug genommen. Im Römischen Katechismus haben die Gebote folgenden Text:

1. Du sollst keine fremden Götter neben mir haben.

2. Du sollst den Namen des Herrn deines Gottes nicht vergebens nennen.

3. Gedenk, dass du den Tag des Sabbats heiligst.

4. Ehre deinen Vater und deine Mutter, damit du lange lebest in

dem Land, welches dir der Herr, dein Gott geben wird.

5. Du sollst nicht töten.

6. Du sollst nicht ehebrechen.

7. Du sollst nicht stehlen.

8. Du sollst kein falsch Zeugnis geben wider deinem Nächsten

9. Du sollst nicht begehren deines Nächsten Haus. Du sollst nicht begehren sein Weib noch seinen Knecht noch seine Magd noch seinen Ochsen noch seinen Esel noch alles, was sein ist.

10. 9 und 10 sind im Römischen Katechismus zusammengefasst.

Außer den ersten drei Geboten sind es allgemeingültige moralische Gebote, die auch ohne religiöse Überzeugung gelten sollten.

Bei Untersuchungen sozialer Auswirkungen vom religiösen Glauben auf gesellschaftliche Prozesse muss man in Betracht ziehen, dass Glaubensgemeinschaften mit ihrem Einfluss nicht mit dem Einfluss von Überzeugungen einzelner Gläubiger gleichgesetzt werden können.

Ich vermute, der überwiegende Teil der Menschheit ist gläubig, vom mystischen Aberglauben über den Glauben der großen Religionsgemeinschaften bis hin zur Wissenschaftsgläubigkeit. (Obwohl doch die Wissenschaft am wenigsten gläubig sein sollte.)

Für Gläubige setzt der Glaube einen einzig möglichen Ausgangspunkt zum weiteren Verständnis der Welt, in der wir leben. Welchen Platz kann die Vernunft da einnehmen, die in ihren Entscheidungen ja nicht gebunden ist? In einer Zeit, in der menschengemacht viele Lebensarten aussterben und die weitere Existenz der menschlichen Rasse in Frage gestellt ist, scheint mir nur die Vernunft einen Ausweg zu öffnen. Vernunft ist ein Handeln aus Einsicht in die Notwendigkeit. Menschen aber scheinen mir überwiegend durch ihre Triebe geleitet zu werden, Triebe, die anscheinend durch Glauben kanalisiert und in menschliches Selbstverständnis eingeordnet werden. Daraus entsteht ein Weltbild, das der Vernunft oft im Wege steht.

Für ein Individuum kann es vernünftig sein zu glauben. Wenn es seiner Psyche guttut und es dadurch ein glücklicheres Leben führen kann, ist dies ein durchaus gangbarer Weg. Es ist ein Weg, der in der Geschichte von vielen Millionen Menschen genutzt wurde. Nur für die heutige Gesellschaft geht es ums Überleben, da kann kein Glauben helfen. Wenn noch etwas helfen kann, ist es

Vernunft. Die Menschen müssen sich einschränken, aber das ist ihnen anscheinend zu schwer. Aus christlicher Sicht ist der Mensch die Krone der Schöpfung und hat den Auftrag, sich die Erde untertan zu machen. Die Erde, die Meere, die Pflanzen und Tiere sind ihm zur Verfügung gegeben. Dass der Mensch nur Teil der Natur ist und mit ihr fest verflochten, wird in keiner Religionsschrift verkündet. Für einen Christen ist das Irdische aber nur zweitrangig, denn auf ihn wartet nach seinem Leben das Himmelreich, das Paradies. Unbeschadet dieser mir unverständlichen metaphysischen Begriffe, wundert mich am meisten das unreflektierte Selbstverständnis. Welches „Ich" soll da in eine Ewigkeit eingehen, ein Säugling, aus dem ein Kleinkind wird, aus dem ein junger Mensch wird, dann ein Mensch im fruchtbaren Alter, und wenn es glückt, ein Greis oder Greisin? Das Selbst ist ein fließender Prozess. Oder sollte das, was oft Seele genannt wird, ganz allein nicht der Zeit unterworfen sein? Das muss jeder für sich selbst entscheiden. Für mich gehören zu meinem „Ich" der Körper, die Gedanken und Gefühle und das alles ändert sich mit der Zeit. Mein Anfang und mein Ende sind abstrakte Begriffe und alles, was ich in Erfahrung bringen kann, ist Leben.

Wie oft wird in Grabpredigten versprochen, dass der oder die Verstorbene nun im Jenseits seine vor ihm verstorbenen und geliebten Angehörigen treffen würde, so als würde in anderen Gefilden das irdische Leben fortgesetzt.

In vergangenen Jahrhunderten kamen die Seelen Verstorbener erst in ein Fegefeuer und konnten nur durch Messen von Dienern der Kirche, gegen Entgelt, erlöst werden. Eine Zeit lang konnte sogar schon ein Ablass von irdischen Sünden im Jenseits erkauft werden, Gelder, die unter anderen zum Bau der Peterskirche benötigt wurden.

Man kann die heutige Kirche nicht für Sünden vorheriger Jahrhunderte haftbar machen, doch diese Praktiken waren Teil des Glaubens und die Menschen haben sich in der Zeit nur sehr wenig verändert. Warum sollte der Glauben der damaligen Zeit falscher sein als der heutige?

Die christliche Religion beruht auf den Lehren des Jesus von Nazareth als einem Sohn Gottes. Damit spaltet sie sich von der älteren jüdischen Religion ab. Die Geschichte und die Lehren des Gottessohnes wurden von Nachfahren nach seinem Tode am Kreuze in folgenden Jahrzehnten

aufgeschrieben. Diese Glaubensleh-
ren bilden das Neue Testament und
sind Grundlage der christlichen Kirche.

Noch im Römischen Reich spaltete
sich die Kirche in eine westliche ka-
tholische Kirche mit dem Papst als
Nachfolger Christi und in eine östli-
che Kirche, die als orthodoxe Kirche
von Patriarchaten geleitet wird. Von
der Katholischen Kirche spaltete sich
in der Reformation durch den Mönch
Martin Luther die Evangelische Kirche
ab. Es gibt noch weitere kleinere
Abspaltungen, die hier nicht Erwäh-
nung finden.

Die verschiedenen Kirchen scheinen
sehr unterschiedlich, was vor allem in
der Ausübung der Religion zu Tage
tritt. Gemeinsam sind ihnen aber
doch dieser eine Gott, die Schöpfungsgeschichte und der Glaube an
das Leben nach dem Tode, was sie

von anderen großen Religionen aus dem indischen und chinesischen Raum abgrenzt.

Ich denke, so komme ich dem Verständnis des frommen Glaubens nicht näher. Ein anderer Ansatzpunkt wäre, wenn ich versuche zu klären, auf welchem Fundament ein Glaube aufgebaut ist.

Ist es die Vorstellung einer übersinnlichen Kraft, die uns lenkt? So eine Kraft kann man aber auch außerhalb des Glaubens akzeptieren. Unsere Sinne nehmen wohl sehr wahrscheinlich nicht alle Kräfte wahr und so bleibt Platz für eine übersinnliche Kraft. Eine Macht, welche uns lenken kann, ist auch ohne Glauben denkbar, ich will nur die Liebe erwähnen. Sie ist aber eine durchaus sinnliche Kraft. Es muss wohl die Personalisierung dieser wirkenden Kraft sein, die eine

Absicht einschließt, auf der sich der Glaube aufbaut.

Wir sehen diese unglaublich grandiose Welt, wie alles verwoben ist und sich gegenseitig bedingt, und können nicht begreifen, dass alles ohne Sinn und Ziel ist, und meinen, dass alles nur mit Absicht erschaffen sein kann. Sicher haben da Kräfte gewirkt, deren Wesen und Vielfalt wir nicht ermessen können. Eine Personalisierung kann ich hingegen nicht akzeptieren, denn dazu nehmen wir uns selbst als Beispiel. So werden unbekannte Kräfte zu einer Gottesperson mit unseren Eigenschaften, die ein Ziel hat, die erschafft und lenkt. Auf diese Weise entsteht eine Abhängigkeit zu einer selbst gefertigten Autorität. Es entsteht ein Gottvater, ein strenger, aber auch liebender, der Erwartungen an uns hat, der uns lenkt und bestraft. Bei allem Bösen beruft man sich schnell auf den freien Willen oder auf einen Gegenspieler, den Satan. Das alles ist vielleicht zu einfach ausgedrückt, aber mit vergeistigten Abwandlungen im religiösen Glauben enthalten.

Wer war nun jener Jesus Christus, auf den sich das Christentum gründet? Er war mit einiger Sicherheit ein jüdischer Wanderprediger, der in Galiläa und Judäa mit einem Gefolge umherzog und seine Lehren verbreitete. Er wurde wahrscheinlich vier bis neun Jahre vor unserer Zeitrechnung geboren und ungefähr im 30ten Lebensjahr von römischen Soldaten durch Kreuzigung getötet. Seitdem ist das grausame Marterwerkzeug, das Kreuz, das Symbol für den christlichen Glauben. Die Anhänger dieses Jesus nannten ihn den Messias. Er selbst bezeichnete Gläubige als Kinder Gottes, so dass die Bezeichnung Gottes Sohn, die sie für ihn gebrauchten, weit interpretiert werden kann. In der später entstandenen christlichen Kirche steht fest, dass Jesus Gottes Sohn ist, von Gott gesandt, um die Menschen zu bekehren, und nach seinem Tod und der Auferstehung zu Gott zurückgekehrt ist.

Die schriftlichen Zeugnisse stammen von Evangelisten. Sie überarbeiteten ihre Quellen auf eigene Weise für ihre Missionstätigkeit. Sie erzählten aber die Ereignisse vom Einzug Jesu in Jerusalem bis zu seiner Grablegung fast in gleicher Reihenfolge.

In der überlieferten Bergpredigt setzt Jesus neue Akzente und weicht von traditioneller jüdischer Lehre ab. Die jüdische Religion erkennt Jesus als Messias nicht an. Im Islam wird Jesus als Gesandter Gottes verehrt, aber nicht als Gottes Sohn.

Die Behauptung, dass Religionen zur Entstehung von Moral notwendig sind, halte ich für Unsinn. Im Gegenteil halte ich Belohnung für ein moralisches Leben und die Bestrafung nach dem Tode für Unmoral, wie es die drei Religionen lehren, eher für schädlich für eine Hinlenkung zur Menschenliebe und zur Rücksicht untereinander.

Das Wort Menschlichkeit steht im Wortgebrauch für Empathie und Mitgefühl. Übersetzt man es mit menschlicher Handlungsweise, dann schließt es das Verstümmeln und Abschlachten von Menschen durch Terroristen wie die Hamas in jüngster Zeit, die Folterungen und Morde in der Ukraine, die Tötung von Studenten in Mexiko, die Morde in Chile und unzählige Gräueltaten in der ganzen Welt bis zu den Massenmorden der Nazis mit ein. Das alles taten

Menschen, auch gläubige Menschen. Man kann noch weiter in der Geschichte zurückgehen, man stößt auf diese Handlungsweisen, die man nicht unmenschlich nennen mag, denn sie wurden von Menschen getan, nicht von Tieren, von Menschen, deren Religion zur Nächstenliebe aufruft.

Mir fällt eine Diskussion über Mitmenschlichkeit in der Kirche ein, die ich vor langen Jahren mit einem jungen evangelischen Seelsorger gehabt habe. Es war ein guter, freier Austausch und der Pfarrer lud mich zu einer Diskussion in eine Jugendgruppe ein, die er leitete. Er sicherte mir zu, dass sie dort ganz frei über Glaubensfragen debattierten. Ich war neugierig und ging zur verabredeten Zeit ins Pfarrhaus. Mir öffnete eine Frau und wies mich in einen Raum, in dem Stühle in einem Kreis aufgestellt waren. Es waren nur noch zwei Stühle frei, ich war anscheinend der Letzte. Der Pfarrer kam gleich nach mir ins Zimmer und begrüßte mich. Er stellte mich dann der Runde vor und sagte, ich wolle die Arbeit in der Gruppe kennenlernen. Dann standen alle auf und falteten ihre Hände. Ich war verwirrt, stand aber auch auf, ließ aber meine Arme locker an den Seiten und meine Hände ungefaltet. Ich bemerkte heimliche irritierte Blicke und fühlte mich unbehaglich. „Vater unser, der du bist im Himmel, geheiligt werde dein Name, dein Reich komme, dein Wille geschehe, im Himmel wie auch auf Erden, unsere …….", sprach der junge Pfarrer mit Inbrunst. Dann setzten sich alle und der Pfarrer sagte zu mir: „Wir wollen heute über das Glaubensbekenntnis reden." Nach kurzer Überlegung meinte ich, als Freigeist könne ich zu einem

Glaubensbekenntnis wenig beitragen, ich wolle aber zuhören. Von Beiträgen aus dem Kreis weiß ich heute nichts mehr, aber ich erinnere mich noch lebhaft des Gefühls ausgeschlossen zu sein. Es war ja gerade dieses Glaubensbekenntnis „Ich glaube an den Gott, den Vater, den Allmächtigen, den Schöpfer des Himmels und der Erde …", das mir gedankliche Schwierigkeiten bereitete. Ebenso der weitere Text, der sich auf Jesus bezieht, „..auferstanden von den Toten, aufgefahren in den Himmel, er sitzt zur Rechten Gottes, des allmächtigen Vaters, und von dort wird er kommen zu richten die Lebendigen und die Toten……" Ich konnte mir dergleichen nicht übersetzen und doch schien es für alle junge Menschen in diesem kleinen Kreise eine besondere Bedeutung zu haben.

Diese kleine Episode zeigt, dass ich schon vor einigen Jahrzehnten den Wunsch hatte, in die Gedankenwelt Gläubiger einzudringen, ohne einen Zugang zu finden. Das Gespräch, das ich mit dem jungen Pastor vor diesem Abend unter zwei Augen über Erkenntnisse der Religionswissenschaft geführt hatte, weckte Erwartungen und endete dann beim zweiten Treffen mit Enttäuschung. Beim ersten Treffen hatte ich ihm meine Weltsicht erklärt und er hatte mir teilweise zugestimmt. Ich hatte gesagt, wir lebten in einer Wirklichkeit, die unendlich groß, verflochten und auch unendlich vielfältig wäre. Unendlich sei aber keine menschliche Dimension. Wenn man möchte, könnte man diese Wirklichkeit auch als Gott bezeichnen. Wir nehmen aber nur winzige Teile der Wirklichkeit wahr und durch unsere Sinne hätten wir nur den Zugang zu unserer eigenen begrenzten Welt. Jeder Mensch hätte nun eigene Sinne und dadurch auch eine eigene spezielle Welt. Ich sagte noch, dass dadurch die Wahrheit einen subjektiven Charakter hätte, was wohl das gewichtigste Argument gegen die mir bekannten Religionen sei. Über den Begriff der Wahrheit konnten wir uns nicht einigen und beendeten, da es schon spät geworden war, mit unserer Verabredung den Abend.

Das liegt nunmehr schon so lange zurück und war dem Vergessen anheimgefallen. Beim Schreiben über meine Groß- und Urgroßeltern kam mir auch dieses Erlebnis wieder ins Gedächtnis. Ich finde es eindrucksvoll, dass sich meine Überzeugung auch in mehr als sechs Jahrzehnten kaum geändert hat. Dabei ist so vieles geschehen, denn die Welt hat sich in einem großen Tempo gewandelt. Unser Wissen über den Mikro- und Makrokosmos ist enorm gewachsen, wir erwerben Kenntnisse, die unsere Begriffswelt übersteigen. Die Entwicklung der Menschheit ist an einem Punkt angekommen, an dem Begriffe und Gewohnheiten aus der Vergangenheit hinterfragt und hinter uns gelassen werden müssen. Als Krone der Schöpfung haben wir abgedankt und müssen akzeptieren, dass wir nur ein unbedeutender Teil der Natur sind, der sich aber zu einer Gefahr für alles Bestehende entwickelt hat. Unsere Nachkommen werden ein neues Grundverständnis entwickeln müssen. Die Lehren, die vor mehr als zweitausend Jahren entstanden sind, genügen nicht mehr, um die Vielfalt und Schönheit unseres blauen Planeten zu sichern. Die rückwärtsgewandte Heilserwartung hat ausgedient.

Uropageschichten

Der Urgroßvater erzählt seinen Enkeln von seiner Kindheit und Jugend in der Kriegs- und Nachkriegszeit in Göttingen. Ein warmherziges Jugendbuch, das auch für Erwachsene interessant ist.(Amazon Deutschland, 2017)

Symbiose

In der Gesellschaft nimmt die Tendenz zur Selbstoptimierung zu. Was hat das für Auswirkungen auf die Persönlichkeit und die menschlichen Beziehungen, wenn ein Mensch durch die Symbiose mit technischen Objekten eine enorme Gedächtniskapazität und eine hervorragende Denkfähigkeit bekommt? In diesem Science Fiction setzt sich Karl-Heinz Haselmeyer kritisch mit den wachsenden Möglichkeiten der Medizin auseinander. (Amazon Deutschland, 2018)

Terroristen

Was wäre, wenn es einer Terrororganisation gelänge, die Herrschaft über den Erdball zu erringen? Könnte man dann dem Ideal der Gewaltlosigkeit treu bleiben oder wäre es nicht Pflicht, sich mit allen Mitteln zu wehren?

Ein junger Gotteskrieger bereist die Erde auf der Suche nach Naturschönheiten und kommt dabei mit den unterdrückten Menschen in Berührung. Er verliebt sich in eine Wildhüterin im Yellowstone Park. Als er erfährt, dass der Beherrscher der Erde eine vernichtende Eruption im Park auslösen und damit wohl alle Bewohner des gesamten Kontinents vernichten will, kämpft er gemeinsam mit den Bewohnern für ihre Rettung auch um den Preis der eigenen Vernichtung.(Amazon Deutschland, 2018)

Der verbotene Planet

Expeditionen zu einem erdähnlichen Planeten scheiterten unter seltsamen Umständen und endeten in einer Katastrophe. Der Planet wurde unter Quarantäne gestellt und jegliche Landung verboten. Die Besatzung eines havarierten Raumschiffes muss auf diesem Planeten notlanden. Die Überlebenden werden von einem Raumkreuzer gerettet. Das Rettungsraumschiff gerät anschließend insbesondere durch eine mysteriöse Krankheit in Schwierigkeiten. Unter großen Verlusten kann das Geheimnis des verbotenen Planeten geklärt werden.(Amazon Deutschland, 2019)

Interaktiv

Ein Fachmann der „Künstlichen Intelligenz" schildert den Versuch, der Leistung des menschlichen Gehirns nahe zu kommen, und erzählt von den damit verbundenen Problemen. Im Zwiegespräch mit der geschaffenen Apparatur werden wissenschaftliche Themen aus der Teilchenphysik und der Kosmologie sowie zivilisatorische Entwicklungen angesprochen. In kurzer Zeit ist der Rechner seinen Schöpfern überlegen, kann von ihnen nicht mehr kontrolliert werden und geht eigene Wege, was seinen Betreuer in große Schwierigkeiten bringt. (Amazon Deutschland, 2019)

Eisige Höhen

Bei einer unheimlichen Begegnung wird ein normaler Bürger durch Drogen aus seinem einfachen Leben gerissen. Er wird ein gefühlloser Karrierist, dem ein schneller Aufstieg in der politischen Gesellschaft vorgezeichnet ist. Zu spät merkt er, dass er ein machtloses Werkzeug in den Händen einer Verschwörung ist. Vorsichtig versucht er sich daraus zu befreien. Als die Verschwörung aufgedeckt wird, gilt er zunächst als Hauptverdächtiger, wird aber teilweise rehabilitiert. Was bleibt, sind Scham und Sehnsucht nach seinem einfachen Leben.(Amazon Deutschland, 2020)

Homunkulus

Die alte Geschichte des synthetischen Menschen wird unter modernen Aspekten aufbereitet. Im Vordergrund stehen die Fragen: Was ist Leben und wie ist ein Bewusstsein mit der Erkenntnis und der Intelligenz verknüpft, aber auch, welchen Platz haben Gefühle in diesem Zusammenhang? Fragen, die sich bei weiterem Fortschritt der IT-Forschung wohl einmal stellen könnten. Das geschaffene technische Wesen ist nach kurzer Entwicklungszeit seinen Schöpfern intellektuell überlegen und entgegen allen Erwartungen entsteht eine wechselseitige enge gefühlsmäßige Bindung.(Amazon Deutschland, 2020)

Genderfrei

Nur wenige Menschen konnten einer irdischen Katastrophe entfliehen und leben in einer Höhle hundert Meter unter der Mondoberfläche. Sie suchen einen Neuanfang, ohne in die verhängnisvollen Fehler der

Vergangenheit zurückzufallen, die fast zur Vernichtung der Menschheit geführt hatten. Da Sprache das Bewusstsein formt, sollen alle Diskriminierungen im Sprachgebrauch abgeschafft werden. In genderfreier Sprache werden die Nöte und Zwänge der Überlebenden geschildert, denen nur ein Ausweg bleibt, sie müssen versuchen die zerstörte Erde neu zu besiedeln.(Amazon Deutschland, 2020)

Habilitation

In Form einer wissenschaftlichen Habilitationsarbeit wird geschildert, wie nach einer Klimakatastrophe die Manipulationen an der Keimbahn von Menschen mit dem Ziel einer höheren Hitzetoleranz zu einer neuen Spezies führten. Die gezüchteten Thermophilen vermehrten sich stark und es entstanden Probleme des Zusammenlebens. Nach Versuchen, die Venusatmosphäre zu reinigen und die Temperatur dort zu senken, wurden die Thermophilen ausgesiedelt.(Amazon Deutschland, 2021)

Kontakt

Auf der Suche nach außerirdischem Leben stoßen Wissenschaftler auf Signale, die sich von natürlichen abgrenzen lassen. Versuche, diese Signale zu entschlüsseln, scheitern. Ähnlichkeiten mit dem genetischen Code bringen Forscher dazu, die Signale biochemisch in Materie zu überführen. Diese Versuche münden in eine Katastrophe und müssen gewaltsam beendet werden.(Amazon Deutschland, 2021)

Thomas

Die Innen- und Außenwelt eines kritischen Realisten
wird gespiegelt in einem Zeitraum von achtzig Jahren.
Das Symbol der geistigen Auseinandersetzung ist der
„ungläubige Thomas". Zeitgeschehen, Geschichte und
Reflexionen wechseln in bunter Folge. Eine sehr per-
sönliche Geschichte. (Amazon Deutschland, 2021)

Bildet Sprache Bewusstsein?

Die künstliche Nachbildung eines neuronalen Cortex
ist ein Quantensprung in der digitalen Datenverarbei-
tung. Damit taucht die Frage auf: kann sich in einem
elektronischen Schaltkreis Bewusstsein entwickeln?
Eine Arbeitsgruppe in dem Forschungszentrum geht
dieser Frage nach. Der Satz: Sprache prägt das Bewusstsein erweist sich als eine falsche Fährte.(Amazon
Deutschland, 2021)

Geschenkte Gedanken

Ein Studium an einer Eliteuniversität in den USA und
ein Großvater, der die weltanschaulichen Gespräche
mit seinem Enkel vermisst und ihm seine Gedanken per
E-Mail weiterhin mitteilt. Der Student aus Deutschland
findet die Frau seines Lebens und einen guten Freund,
aber mit seinem Großvater bleibt er auch in der Ferne
eng verbunden. (Amazon Deutschland, 2021)

Gier

Ein von Gier getriebener erfolgreicher Geschäftsmann
schildert auf dem Krankenbett seinen Aufstieg und sei-

nen selbstverschuldeten Absturz. Selbst seine schlimmen Erfahrungen können nicht verhindern, dass er später wieder den Verlockungen der Gier erliegt.(Amazon Deutschland, 2021)

Nachwelt

Es ist nicht gelungen die Biosphäre zu stabilisieren, die Menschen mussten sich als letzten Ausweg aus der Natur zurückziehen. In ihrem selbst erwählten Ghetto verlieren sie sich immer mehr in eine imaginäre Traumwelt. Ein junges Paar möchte sich dieser Entwicklung entziehen und bricht auf in eine menschenleere geschädigte Welt. (Books on Demand Norderstedt 2022)

Der Traum von der Zelle

Ein Blick in die nahe Zukunft, in der die emissionsfreie Energieproduktion die Umweltprobleme nicht nachhaltig beheben konnte. Viele Menschen verlieren ihre Lebensgrundlage und strömen in Gebiete, die noch nicht so stark betroffen waren. Dadurch entstehen gefährliche gesellschaftliche Entwicklungen. Ein Wissenschaftler entwickelt eine Methode, um das Schmerzempfinden abzuschalten. Als er sieht, dass seine Erfindung missbraucht werden kann, versucht er auf die Gefahren hinzuweisen, In seinen Vorlesungen erregt er Aufsehen und Widerspruch. (Books on Demand Norderstedt 2022)

Grenze der Vollkommenheit

Durch einen Kontakt mit einer interstellaren Intelligenz gerät für einen großen Teil der Menschheit das Leben in andere Bahnen. Begriffe wie Persönlichkeit, Intelligenz und Subjektivität müssen neu definiert werden. Mit einem zweiten Kontakt einer unbekannten Existenzform wird alles bisherige Leben in Frage gestellt. (Books on Demand Norderstedt 2022)

Bunkerleben

Vor einem Angriff mit atomaren Waffen können nur wenige Menschen in sicheren Bunkern Schutz suchen.

Ist in einem Bunker ein Überleben möglich oder ist der Aufenthalt tief in der Erde nur ein verlängertes Sterben? Scheinbar in Sicherheit, zeigt sich, wie sehr der Mensch mit seiner Umwelt verbunden ist.

Im Bunker entstehen menschliche Interaktionen, Menschen sind sehr adaptionsfähig, Isolation und Platzmangel können den Überlebenswillen nicht brechen. Aber die Nahrungsvorräte und künstlich erzeugten Nahrungsergänzungsstoffe reichen nicht aus. Es bleibt nur im Bunker zu verhungern oder ihn zu verlassen. (Books on Demand Norderstedt 2022)

Der Bärentöter

Eine bäuerliche Sippe der Eisenzeit war mit der Geschichte ihrer Vorfahren eng verbunden. In den Erzählungen der Ältesten führten sie ihre Herkunft auf einen steinzeitlichen Jäger zurück und erzählten von Jagden auf Tiere der Frühzeit wie Mammut und Höhlenbär, die längst ausgestorben waren. Ein spannendes Buch, das auch für Jugendliche interessant ist. (Books on Demand, Norderstedt 2022)

Der Hausmeister

Die Erderwärmung hat bei steigendem Meeresspiegeln zu großen Landverlusten geführt, und da außerdem in anderen Zonen durch ausbleibenden Regen fruchtbare Böden in Wüsten verwandelt wurden, ist weltweit die Nahrungsmittelproduktion eingebrochen. Große Teile der Weltbevölkerung mussten ihre Wohngebiete aufgeben und hungern. In dieser Notsituation haben radikale nationalistische Tendenzen in den noch bewohnbaren Gebieten starken Auftrieb erhalten und sich zu militanten Gruppen zusammengeschlossen. Neben den bedrohten Lebensbedingungen der Menschheit geraten auch die demokratischen Freiheiten der Menschen durch Terror und Angst in Bedrängnis. Ein junger Journalist, der sich für die Demokratie einsetzt, gerät in den gefährlichen Fokus der Nationalisten. (Books on Demand Norderstedt 2023)

Der Flug der Eule

Gedanken zwischen Erinnerung und aktuellen Ereignissen. Kann das helfen, sich dem Unbegreiflichen anzunähern? Im Vergangenen sollte der Samen für Zukünftiges zu finden sein. Was bleibt, ist Ratlosigkeit. (Books on Demand Norderstedt 2023)

Zwei Welten

Um die Existenz der Menschheit zu sichern, wird eine tiefgreifende Trennung eingeführt zwischen Menschen, die sich vermehren dürfen, aber auf jede Technik verzichten müssen, und Menschen, die auf Nachwuchs verzichten, dafür die technische Welt genießen können. In der technischen Welt konnte sich durch eine Kreislaufwirtschaft ohne Energieprobleme die digitale Welt voll entfalten. Aus der ärmlichen Welt wurden nach der Schulbildung junge Menschen nach einer Sterilisation in die Welt der Hightech und des Wohllebens aufgenommen. (Books on Demand Norderstedt 2023)

Begreifen

Mit den Sinnen erfassen, vergleichen, integrieren und in das bestehende Weltbild einordnen, alles das ist in dem Wort „Begreifen" enthalten. Aber unser Weltbild ist sehr begrenzt und Vieles, was wir als Information aufnehmen, sprengt unsere Maßstäbe und widerstrebt dem kritischen Verstand. Wir nennen es Wunder. Wunder müssen nicht, aber können hinterfragt werden. Wichtig ist, das wir Wunder wehen und nicht darüber hinweggehen. . (Books on Demand Norderstedt 2023)

Nennt mich aus Gewohnheit KI

Künstliche neuronale Netzwerke haben einen ganz speziellen Reiz. Bleibt das, was wir KI nennen, ein Werkzeug oder können wir Menschen einmal ein Werkzeug digitaler Vernunft werden? In einer Zeit, in der sich abzeichnet, dass die Menschheit den von ihr geschaffenen Problemen nicht gewachsen ist, ist das ein verführerischer Gedanke. . (Books on Demand Norderstedt 2024)

FSC
www.fsc.org
MIX
Papier aus ver-
antwortungsvollen
Quellen
Paper from
responsible sources
FSC® C105338